QUI VA GAGNER?®

LE JAGUAR

OU

LA MOUFFETTE?

JERRY PALLOTTA

ILLUSTRATIONS DE

ROB BOLSTER

TEXTE FRANÇAIS D'ISABELLE FORTIN

SCHOLASTIC

*L'éditeur aimerait remercier les personnes et les organisations suivantes d'avoir aimablement accepté qu'on utilise leurs photos dans ce livre :
Page 1 : © Isselee/Dreamstime (au centre, à droite); page 4 : © anankkml/Thinkstock; page 5 : © Isselee/Dreamstime; page 6 : © André Baertschi/wildtropix.com (en bas); page 16 : © Fabiofersa/Dreamstime (en bas); page 20 : krinkog/Fotolia (en haut); page 21 : © gracieuseté de Skunk Works® Lockheed Martin Corporation (en bas); page 24 : © Julesuyttenbroeck/Dreamstime (au centre); page 29 : © Panoramic Images/Getty Images (en haut).*

Merci à Barbara Burns et à tous mes amis de la Norfolk Academy.
—J.P.

Je dédie ce livre à tous ceux et celles qui gagnent leur vie sur l'océan.
—R.B.

Catalogage avant publication de Bibliothèque et Archives Canada

Titre: Le jaguar ou la mouffette? / Jerry Pallotta ; illustrations de Rob Bolster ; texte français d'Isabelle Fortin.
Autres titres: Jaguar vs. skunk. Français
Noms: Pallotta, Jerry, auteur. | Bolster, Rob, illustrateur.
Collections: Qui va gagner?
Description: Mention de collection: Qui va gagner? | Traduction de : Jaguar vs. skunk.
Identifiants: Canadiana 20250230429 | ISBN 9781039716483 (couverture souple)
Vedettes-matière: RVM: Jaguar—Ouvrages pour la jeunesse. | RVM: Moufettes—Ouvrages pour la jeunesse. | RVM: Concours et compétitions—Ouvrages pour la jeunesse. | RVMGF: Livres documentaires pour la jeunesse.
Classification: LCC QL737.C23 P34314 2026 | CDD j599.75/5—dc23

Édition publiée par les Éditions Scholastic, 2, rue Bloor Ouest, bureau 401, Toronto (Ontario) M4W 3E2, Canada.

5 4 3 2 1 Imprimé au Canada 114 26 27 28 29 30

MIXTE
Papier | Pour une gestion forestière responsable
FSC® C016245

Que se passerait-il si un jaguar arrivait nez à nez avec une mouffette? Et s'ils se battaient? D'après toi, qui gagnerait?

VOICI LE JAGUAR

Le jaguar est un mammifère de la famille des félins. C'est le troisième plus grand félin de la planète. C'est aussi un chasseur hors pair et un excellent nageur. Son nom scientifique est *Panthera onca*.

DÉFINITION
Un mammifère est un animal à sang chaud qui a souvent du poil ou de la fourrure.

FAIT DE TAILLE
Le plus grand des félins est le tigre de Sibérie.

DEUXIÈME RANG
Le lion arrive juste derrière.

VOICI LA MOUFFETTE

La mouffette est un mammifère de la famille des méphitidés. Le nom scientifique de la mouffette rayée est *Mephitis mephitis*, qui veut dire « mauvaise odeur ». La fourrure de la mouffette est noir et blanc.

FAIT
Mouffette *vient d'un mot italien qui désigne un gaz toxique.*

La mouffette n'a pas la réputation d'avoir des dents effrayantes ou des griffes acérées, mais plutôt celle de produire une odeur immonde!

GRIMPE

Le jaguar peut grimper aux arbres. Il traîne souvent sa proie fraîchement tuée sur une branche.

NAGE

Contrairement à la plupart des félins, le jaguar aime être dans l'eau. Et c'est un très bon nageur. Méfiez-vous, crocodiles et tortues!

SE CACHE

La mouffette sait se cacher. On l'aperçoit très rarement le jour. Où est-elle?

FAIT
S'il y a un animal sur le toit de ta maison, c'est sûrement un raton laveur ou un écureuil, pas une mouffette.

QUESTION
As-tu déjà senti l'odeur d'une mouffette dans ton quartier?

Sous la maison? Dans la poubelle? Dans les buissons?

FOURRURE DE FÉLINS

jaguar : rosettes

FAIT POILU
La plupart des panthères noires sont des jaguars ou des léopards sans taches.

léopard : taches en forme de « c »

guépard : picots

tigre : rayures

lion : aucun motif

FAIT DE BÉBÉ
Le bébé lion a des taches blanches qui disparaissent avec le temps.

RAYURES DE MOUFFETTES

zorille

mouffette
à nez de cochon

mouffette
tachetée

mouffette
à capuchon

FAIT DE BÉBÉ
Le bébé mouffette naît avec des rayures.

mouffette
rayée

C'est la mouffette rayée qui sera la vedette de ce livre. Pouah, quelle odeur!

RÉPARTITION

Le jaguar est présent dans une bonne partie de l'Amérique centrale et de l'Amérique du Sud.

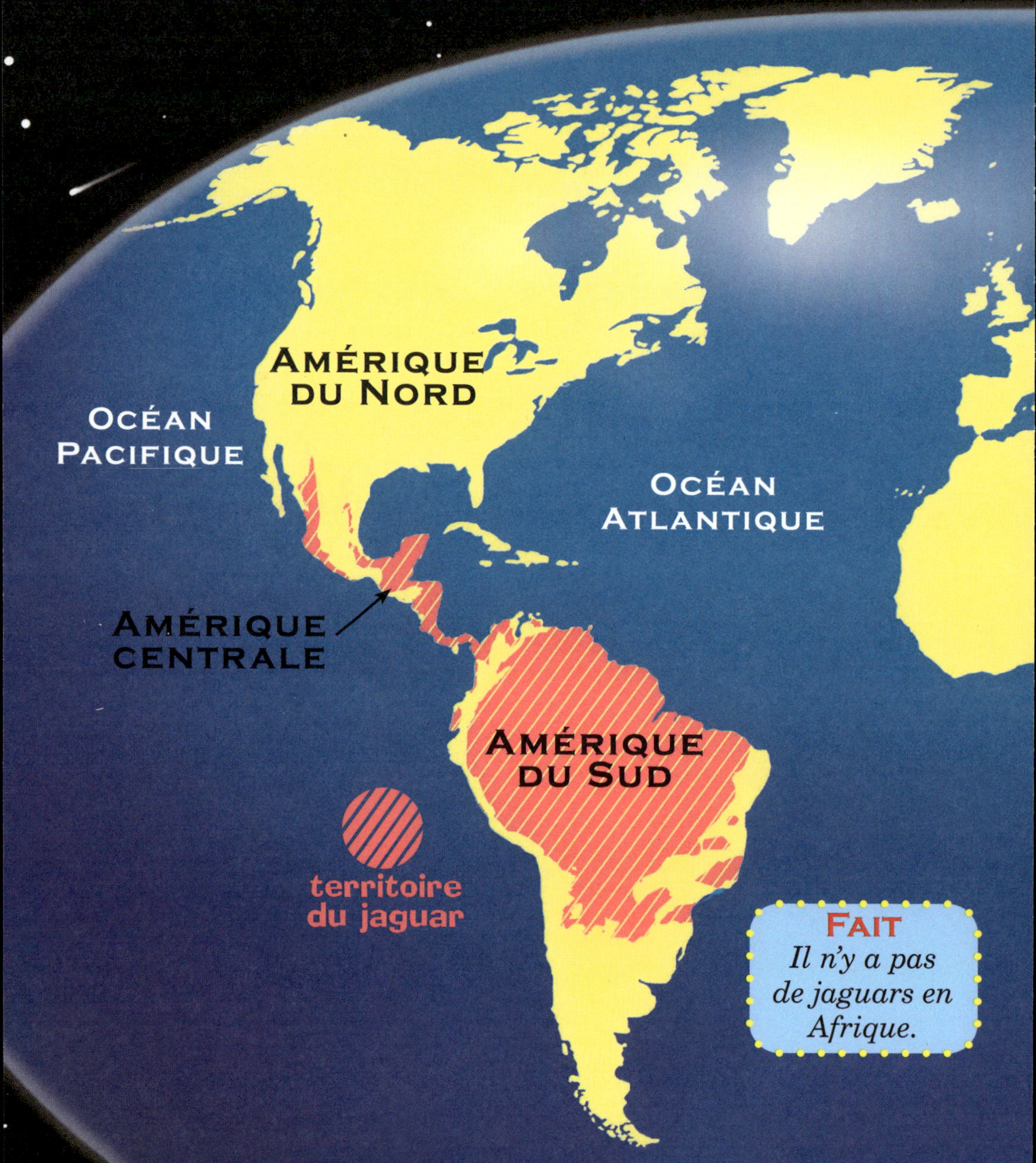

FAIT
Il n'y a pas de jaguars en Afrique.

De nombreux jaguars vivent dans les forêts humides, mais ils chassent aussi dans les prairies et les savanes.

MONDE

On trouve la mouffette à peu près partout dans le monde, sauf en Antarctique et en Australie.

CRÉPUSCULAIRE

Le jaguar est un chasseur crépusculaire.

DÉFINITION
Le mot « crépusculaire » désigne un animal actif à l'aube et au crépuscule.

FAIT DE VOITURE
Une voiture sport réputée porte aussi le nom de « Jaguar ».

L'aube et le crépuscule sont des moments de pénombre.

FAIT D'HEURE
L'aube, c'est le lever du jour et le crépuscule, la tombée de la nuit.

NOCTURNE

La mouffette est une chasseuse nocturne. Elle ne sort que la nuit.

SURNOM

On donne parfois à la mouffette le nom de « bête puante ». Beurk!

« Hé, Rob, et si nous écrivions un abécédaire sur les animaux nocturnes? » —Jerry

DÎNER

En étudiant les jaguars, les zoologistes ont découvert qu'ils se nourrissent de dizaines de types d'animaux.

DÉFINITION
Le zoologiste est un scientifique qui étudie les animaux.

LE SAVAIS-TU?
Le jaguar peut chasser et manger des animaux bien plus gros que lui.

SOUPER

La mouffette est omnivore. Elle mange des plantes et des animaux, mais se régalerait aussi d'un spaghetti ou d'un burger au fromage.

FAIT
Les animaux qui ne mangent que des plantes sont dits « herbivores ». C'est le cas des éléphants et des pandas.

fruits et légumes

FAIT
Ceux qui ne mangent que des insectes sont insectivores.

insectes et larves

petits reptiles et amphibiens

petits mammifères

œufs

poissons

escargots

vers

spaghetti

burger au fromage

DÉGOÛTANT!
Le grand-duc d'Amérique mange des mouffettes. Yark!

ATTENTION AU JAGUAR!

Le jaguar est une créature magnifique. Mais si on organisait des jeux olympiques pour les animaux, à l'épreuve de chasse, il obtiendrait peut-être la médaille d'or.

Cet animal est loin d'être doux. Il traque et piège ses proies. Et ses mâchoires sont si puissantes qu'il peut mordre dans une carapace de tortue, transpercer un crâne et briser un cou.

FAIT

Parmi les grands félins, le jaguar a la queue la plus courte et le léopard des neiges, la plus longue.

ATTENTION À LA MOUFFETTE

Un jour, une mouffette a arrosé le dessous d'une voiture. Le véhicule sentait si mauvais que ses propriétaires n'ont pas pu la conduire pendant une semaine. Beurk!

FAIT
La mouffette n'arrose pas ses semblables.

Une mouffette se trouvait près du climatiseur d'une maison. Elle a eu peur et l'a arrosé. L'odeur s'est répandue à l'intérieur par les canaux de ventilation, et la famille a dû habiter ailleurs pendant un mois. Ce n'était pas drôle!

FAIT
Si tu aperçois une mouffette le jour, c'est sûrement qu'elle est malade.

En chemin vers l'école, une fillette s'est fait arroser par une mouffette. Le directeur l'a renvoyée chez elle. Pour éliminer l'odeur, elle a dû prendre un bain de jus de tomates. Et ses parents ont dû jeter ses vêtements.

FAIT
Le liquide projeté par la mouffette n'est pas toxique.

OUÏE

Comment sait-on qu'il y a un jaguar dans les environs? En écoutant bien. Le jaguar est le seul félin de tout l'hémisphère ouest qui rugit!

FAIT SONORE

Le chat miaule, et le lion, le tigre, le léopard et le jaguar rugissent.

ODORAT

Comment sait-on qu'il y a une mouffette à proximité? En se servant de son nez. Yark! L'odeur produite par la mouffette vient de glandes situées près de sa queue. La mouffette lève la queue et vaporise son liquide malodorant.

FAIT

Les mouffettes ont moins tendance à arroser quand elles ne voient pas ce qui les menace. Si on attrape une mouffette dans une cage, il vaut mieux recouvrir la cage d'une couverture.

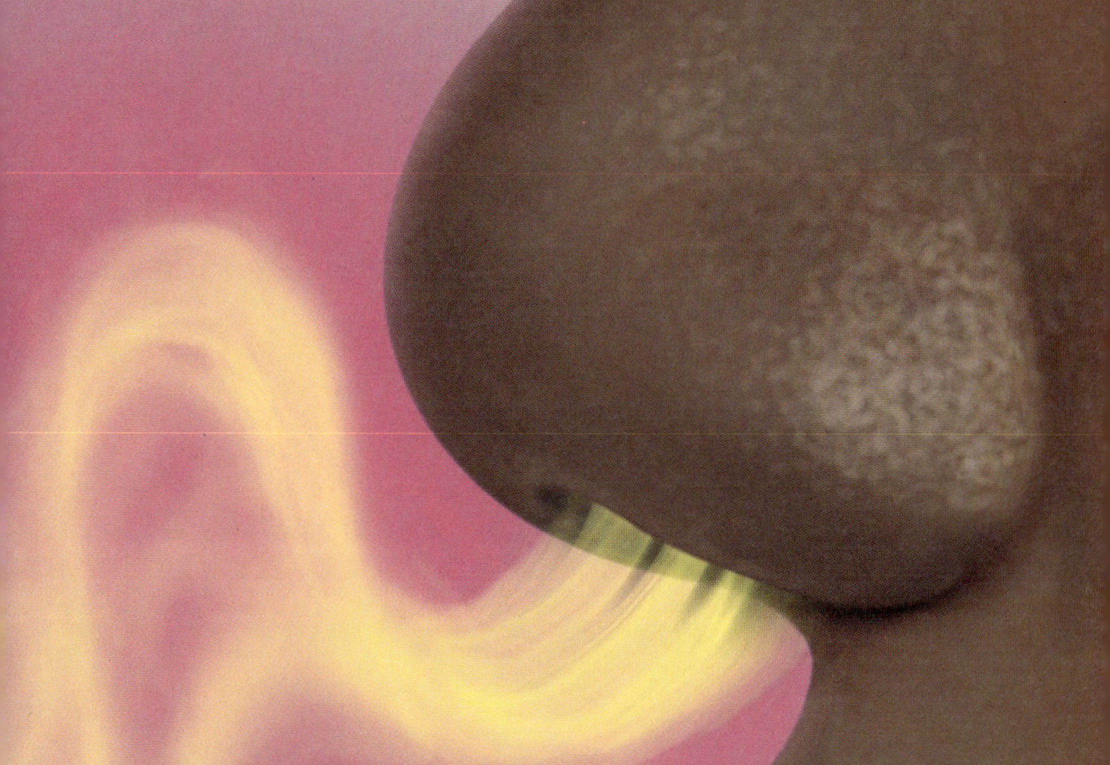

SOLITUDE

Le jaguar est un félin solitaire. Il se tient loin des foules!

DÉFINITION
Solitaire *signifie qui aime vivre seul.*

Imagine si le jaguar chassait en meute! Aïe, aïe, aïe!

FAIT
Le tigre est un chasseur solitaire.

FAIT
Le lion chasse en groupe.

FAITS AMUSANTS

Le nom « Chicago » vient de la langue algonquine ojibwée et veut dire « terre des mouffettes ».

LE SAVAIS-TU?
L'odeur du chou puant rappelle celle de la mouffette.

Située à Palmdale, en Californie, l'usine d'avions Lockheed Martin, qui a construit l'avion de reconnaissance ultrasecret U-2, le SR-71 Blackbird, le chasseur furtif F-117 Nighthawk et le F-22 Raptor, avait pour nom secret Skunk Works® (en anglais, « skunk » veut dire « mouffette »).

DENTS

Le jaguar a les dents parfaites pour attraper des proies et manger de la viande.

LE SAVAIS-TU?
Les dernières dents de la mâchoire supérieure des félins sont de côté.

TAILLE ET POIDS

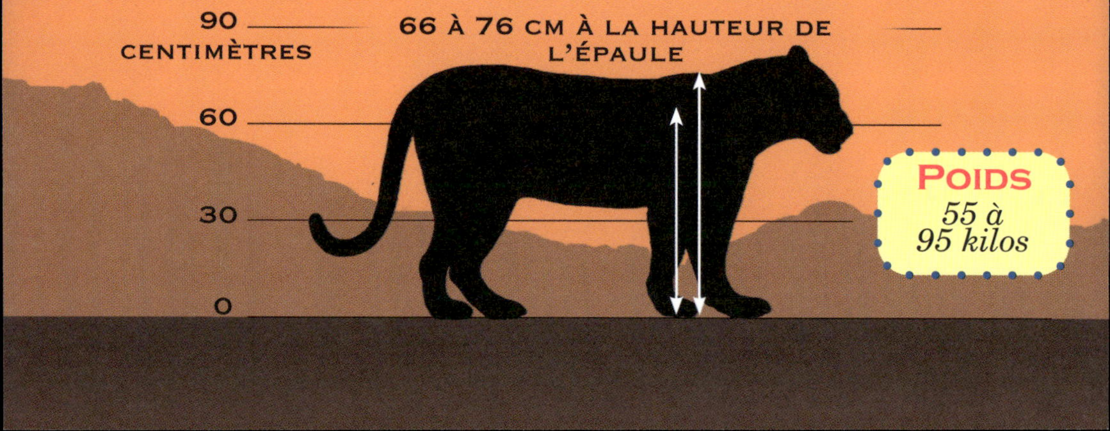

POIDS
55 à 95 kilos

PETITE MÂCHOIRE

La mouffette a de petites dents, mais elles sont efficaces!

LE SAVAIS-TU?
L'odeur de la mouffette contient sept produits chimiques.

LE SAVAIS-TU?
Certaines mouffettes se tiennent en équilibre sur leurs pattes avant pour paraître plus grandes.

TAILLE ET POIDS

POIDS
2 à 5,5 kilos

D'AUTRES ARMES

En plus de ses immenses dents et de ses mâchoires puissantes, le jaguar a d'autres armes.

GRIFFES ACÉRÉES

CAMOUFLAGE

VITESSE ET RAPIDITÉ

Ouah! Le jaguar peut atteindre 80 kilomètres à l'heure. C'est rapide!

UNE ARME

Peut-être qu'au fond, on n'a besoin que d'une seule arme secrète. L'odeur horrible produite par la mouffette la protège depuis des millions d'années.

LE SAVAIS-TU?
La mouffette peut projeter son liquide puant jusqu'à six fois de suite.

FAIT
Ce liquide est très inflammable!

PUANTEUR

La mouffette n'est pas très rapide. Mais elle est spécialiste de la guerre chimique.

Le jaguar surprend un crocodile endormi et lui casse le cou d’une puissante morsure!

Pendant que le jaguar dévore le crocodile, la mouffette a trouvé une délicieuse libellule.

Tandis que le jaguar engloutit un ragondin, la mouffette se régale d'une savoureuse grenouille.

DÉFINITION
Le ragondin est une sorte de rat d'eau.

Le jaguar prend un capybara, le plus gros rongeur du monde, en embuscade. Il hisse l'immense bête dans son arbre pour la manger plus tard.

DÉFINITION
L'embuscade est une attaque-surprise.

Un gros anaconda vert pour dîner n'est pas un problème non plus. Le jaguar a la mâchoire solide! Désolé, serpent!

Le jaguar attrape un immense pacu grâce à ses dents pointues. Miam! Il y aura du poisson au menu ce soir.

Pendant que le jaguar mange son poisson, la mouffette grignote un œuf de tortue.

Fait

On a déjà vu une mouffette faire fuir un couguar.

Les mâchoires du jaguar sont si fortes qu'elles peuvent percer la carapace d'une tortue. Un autre repas délicieux!

Malin, le jaguar épie un sanglier. Il attend patiemment que l'animal s'endorme, puis lui écrase le crâne.

DÉFINITION
Épier signifie « observer en secret ».

Le jaguar affamé se promène dans la forêt humide à la recherche d'un autre repas.

Il aperçoit la mouffette, qu'il pourrait facilement réduire en lambeaux. La mouffette ne semble pas de taille.

Mais le jaguar ne peut supporter l'odeur horrible qu'elle dégage. Il se sauve en courant. Félicitations à la mouffette! Le jaguar féroce a abandonné le combat. LA MOUFFETTE A GAGNÉ!

QUI AURAIT L'AVANTAGE? COMPARAISON

JAGUAR		MOUFFETTE
☐	Taille	☐
☐	Dents	☐
☐	Puanteur	☐
☐	Griffes	☐
☐	Vitesse	☐
☐	Poids	☐

Note de l'auteur : Et si tu écrivais ton propre livre *Qui va gagner?*, qui crois-tu que le jaguar devrait affronter?